# SUPERÁNDOTE

Colección de poemas |
Sanando de un corazón roto

Estella Guerrero

Copyright © 2021  Estella Guerrero

Todos los derechos reservados

Ninguna parte de este libro puede ser reproducida o almacenada en un sistema de recuperación, galería o transmitida en cualquier forma o por cualquier medio, electrónico, mecánico, fotocopiado, grabación, captura de pantalla, reenvío o de otro modo, sin el permiso expreso por escrito del editor.

Diseño de portada por: Lesley Guerrero
Escrito en los Estados Unidos de América.

*A Mi Primer Amor,*

*Nunca he amado a nadie de la manera en que te amé a ti. No sabía lo que se sentía el confiar en alguien completamente de la manera en que lo hice contigo. Tú eras todo para mí. Eras lo único y mas importante para mi, dos años después y sigo sintiendo lo mismo. Vi tu corazón y sentí que tu espíritu se entrelazaba con el mío, sé que tú también lo sentías. Tal vez no fui lo suficiente para convencerte de que valía la pena quedarte. Puede que haya sido demasiado para ti en ese momento y tal vez era mejor para ti alejarte. El mayor dolor que he sentido fue perderte. Había llorado muchas veces antes: cuando mis padres se divorciaron, cuando tuve ese accidente de coche, cuando mi mamá se fue, cuando mi hermano me lastimo, cuando mi abuela me insultó... nada en comparación con conducir en una autopista después de nuestra ruptura. Nunca he sentido tanto dolor en mi corazón como lo sentí ese día. Mis ojos nunca han estado tan inundados. Nunca me había sentido incapaz de respirar... la forma en que lo sentí ese día. Amarte tanto como te ame, nunca significó que me amaba menos a mí misma. Creo que es importante aclararlo. Describir mi dolor no significa que no pudiera vivir sin ti, pero sí dice que, en ese momento, eso sentí. Que me dejaras, fue un desafío en muchas formas, porque me diste la oportunidad de despertarme todos los días sintiéndome desesperada y aún así, capaz de encontrar la más mínima onza de esperanza para sobrevivir el día. Me desafiaste a encontrar mi valor, a darme cuenta de quién soy y cómo amo. Me hiciste sentir mucho dolor, pero también me di cuenta de cuánto dolor podía aguantar. Hoy, puedo decirte que nada me ha lastimado de la misma manera... al irte, me hiciste... resistente. Por eso, te amaré por siempre. Gracias por amarme de la mejor manera que pudiste, la única manera que sabías cómo. Te amo por lo que significaste para mí, y a quién representaste en mi vida. Mi corazón en forma de humano, fuiste mi mas grande tesoro. Eras la esperanza que necesitaba, para creer que es posible amar sin condiciones.*

*Este libro de poemas es para recordarle como el lector, que está bien sentir dolor. Está bien amar y doler profundamente, no te hace débil. Al contrario, te hace resiliente. Créanlo.*

ESTELLA GUERRERO

## No Te Siento

Sé que te tengo, pero no te siento..

Quiero sentirte.

No puedo quejarme, pero también no puedo ocultar el hecho de que quiero más..

No sólo de ti.. Pero de mí y de nosotros.

Quiero que nos esforcemos por ser una pareja mas junta y quiero que sientas esto tanto como yo quiero sentirlo.

No puedo decirte qué es "eso", pero sé que una vez que

podamos unirnos, "eso" será tan increíble.

No quiero estar acostumbrada a ti...
No quiero que nuestra relación sea un hábito.
Quiero ser alguien quien valga la pena,

Quiero que yo valga la pena, para ti.

## Sola

No me siento sola
No pienso

Pero si estoy sola.
Esta época del año siempre es difícil para mí.
Recuerdas lo difícil que es...

Es cuando nos encontramos, en la lucha, a través del dolor, una esperanza para el nuevo año

No me siento sola, pero estoy sola.
Contigo ... No solo me sentí sola ... sino también estuve sola.

Nunca podría perdonarte por eso.

Tu sabias lo sola que me sentía, sabias que no podía soportar sentirme sola.

Pero te fuiste y me dejaste sola.
No miraste hacia atrás, yo aprendí a no hacerlo tampoco.

## Ámame

Quien soy, tu amas

En quién podría convertirme, dijiste que amabas

Estoy aquí contigo, dijiste
que me querias de cualquier manera posible, solo por tenerme

Pero no a costa de que cambiaras.
No a costa de mi crecimiento
O
Admitir que realmente no me amabas

Pero me amas.
Por quien TÚ querías ser

Por ti mismo, por querer amarte a ti mismo
para demostrar que podías ... amar

Me amaste

Cuando pregunté, pero... me amas ¿verdad?
Y el AMOR es suficiente
¿YO, soy suficiente?

Te Fuiste...

## **Respirando**

Lo único con lo que tengo que contar es mi aliento.
Estoy respirando..

El día que me arrancaste de tu vida, respiraba con dificultad, mi corazón latía inestablemente.

Y luego llegó la noche y no pude respirar ...

Sentí que mi corazón se partía en dos y sentí que mi respiración comenzaba a alejarse de mí, sentí el nudo en la garganta

apretarse mientras me ahogaba en lagrimas.

No sé de donde o en que momento exacto, sentí devolver el

aliento que perdí.

Pero sí recuerdo haber tenido que volver a aprender a respirar ...

Recuerdo el sentirme asustada mientras aumentaba la

frecuencia de mis latidos y como no podía soportar el peso sobre mi pecho ...

Me enseñé a mí misma a reducir la frecuencia y a respirar de nuevo ...

## Te Amé Más

Te amaba más de lo que podía amarme a mí misma ...
No sabia lo que era amar hasta que te conocí.

Eras el amor, en forma física.
Te ame mas

Nunca podre olvidar cuando me dijiste que no compartíamos el mismo amor ...

 Porque, aunque te ame más, dijiste que también me amabas ...

Te preocupabas sobre mí y por mí ... Por mi bienestar ... ¿como no puede ser eso lo mismo?

No estabas dañado ... Pero yo sí.

Esa fue nuestra mayor diferencia, pero a quien yo amaba era a quien me amo cuando no podía amarme a mí misma.

Tú eras el. Me lo dijiste, me lo mostraste, sé que no inventé esto.

No entiendo como fue tan fácil ...
Todavía no sé como pudiste olvidar sin arrepentirte ...

Te ame más ... Y pensé que eso seria suficiente para los dos ...

Tal vez, solo tal vez creí que también podrías aprender a amarme un poco más ...

## Luchando

Te di tanto, y puedo decir que ... Casi lo di todo.

El día que decidí decirte como me sentía,
decirte que sentía que no me amabas ...

Ese día salvé una parte de mí.

Esa pequeña parte me ha llevado a través ...

A través de las largas noches, el frio y el calor ...
A través de cada larga noche y tormenta

Luche sin descanso para superarte, y recuperar más de mí misma,

Me transforme en una mejor versión de mi ...
Estoy muy orgullosa ...

Estoy tan feliz por el progreso que he logrado, luchando desde casi nada para hacer algo de mi misma...

Para sentirme como alguien, de nuevo

## Sigues Siendo, Tú

Ya me sentía lejos de ti, pero aun quería estar contigo ...

Sabia lo que tenia que hacer y te odiaba por hacerme sentir tan segura de hacerlo.

Quería convencerte tanto de que me convencieras de que no lo hiciera...

Pero así no es como funcionan las cosas
Pensé y crecí mucho desde que te fuiste.

Te lloré océanos, llamé tu nombre sin respuesta, me aferré a otros cuerpos para guardar tu recuerdo.

Me convencí de que no eras quien pensaba que eras en mi mente.
Que no fuiste quien yo creía

Pero si mi corazón tuviera que elegir...

Incluso hasta así, todavía sigues siendo ... tú.

## Una Carga

Te extraño más cuando estoy agobiada.

Cuando tengo ganas de golpear algo.

Liberar este estrés y ansiedad

Cuando quiero simplemente salir a manejar
O abrazar a alguien
O caminar con alguien

Pero recuerdo nuestro argumento mas grande, la ruptura

No mutuo ... porque no quisiste decirme por qué

Recuerdo que me dijiste que te agobiaba...

Mi dolor fue demasiado para ti ... Como yo era, era demasiado
Ahora, cuando estoy agobiada, pienso en ti ...

Pienso en como me sentí pensando que realmente querías

apoyarme

Y como eso fue una mentira,

como fui una carga para tu vida.

## Ojos Hinchados

Mis ojos están hinchados de nuevo.
Estamos a días de tu partida

Soy alguien diferente y la vida todavía me sigue derribando

Pero ya no me siento desesperada como solía hacerlo …

Si pudiera hablar contigo otra vez,

Te hablaría sobre el crecimiento y resiliencia

Mostrarte lo que la paciencia y el amor suelen hacer por una persona …
Presentarte a quien soy hoy.

De esta forma es mejor
Cuanto más tiempo estoy sola, más valoro mi amor.

Porque recuerdo el dolor de tener los ojos hinchados,
la desesperada sensación de amarte

cuando no me pudiste amar.

## Estoy Mejor Ahora

Sé que estoy mejor ...
No e llorado mientras escribo esto.
Y ahora puedo darme cuenta, que al alejarte me permitiste esforzarme para mejorarme a mi misma ...

Y tengo tantas cosas hermosas que han resultado de eso.

No soy la niña insegura y triste de 17 años que juraste

conocer ...

La chica que no valía la pena ... La chica que ya no podía hacer que tu corazón se acelerara.

Soy la chica que NUNCA podrías obtener ... educada, segura de si misma, motivada, humilde y amorosa ...

Así es como sé que estoy mejor ahora ... porque cuando pienso en ti pienso en cuando tenia 17 años y en lo fácil que fue influir la niña triste ...

¿Esta chica hoy?
Ella no pensaría en dedicarte ni un minuto...

Ahora estoy mucho mejor, mas que nunca... sin ti.

## No Pienso Mucho En Ti

No pienso mucho en ti

Solo cuando me siento fuera de contacto

Cuando estoy sola y desconectada

Eras el amor donde más me sentía desconectada.

Porque eras el amor y el dolor

No sé que tan feliz estoy hoy, pero espero que tu si lo estés.

Pero realmente no pienso mucho en ti …

ESTELLA GUERRERO

## **Desearía Estar Bien**

Desearía estar completamente bien.

Desearía estar bien,
que pudiera entender que ya no querías intentarlo,

Desearía poder estar bien con tu decisión de tirarme como un vaso desechable.

Entiendo el cansarse, el frustrarse y el perder interés ...
Pero no con las personas que amas ...

No dejas de ser amigo con alguien porque la conversación termina ...
No dejas de ser familia porque no vives en la misma zona.

No se le hace eso a las personas que dices que te importan ... No creo que sea algo que solo yo siento ...

Simplemente no entiendo por qué fue tan fácil para ti ...
Como pudiste decidir sacarme de tu corazón y decir
"No necesito esto" ...

Estábamos pasando por tiempos difíciles, pero todavía estábamos juntos...

No entiendo y acepto tu explicación por dejarnos ir ...

no es mi culpa y eso es lo que mas me duele,
que yo hubiera dado eso y más por ti ...

## Sigues Siendo Todo

Sigues siendo todo ...

Sé que la vida funciona de maneras misteriosas ...
Sé que la paciencia es la clave ... y sé que, si realmente estuviéramos destinados a ser, ese día, lo seremos ...

Ya no quiero sentir dolor,
estoy cansada de distraerme,
de nublar mi mente con estos pensamientos apresurados.

No quiero sentir el dolor en mi cuello por ser maltratada por otro hombre que pensaba poder borrar tu memoria.

Todo vuelve a ti, siempre te elegiría,
volvería en un abrir y cerrar de ojos si me quisieras ...

## **Dejarte Ir**

Tal vez es hora de dejarte ir.
Tal vez es hora de liberarte de mi corazón, para crear espacio.

Ya no sabes quien soy ...
Tus mejores recuerdos de mí están atrapados en un libro de cuentos de hace 2 años.

Ya no me quieres y, como me dijiste, ¿tal vez nunca lo hiciste realmente?
Necesito dejarte ir.

Fuiste mi primer amor, mi mas apreciado recuerdo durante mucho tiempo ...
Me diste seguridad y espacio para sentir y dar amor.
Te lo di, absolutamente todo ... un amor como ese nunca podrás olvidar

Algunos días quiero hablar contigo y pienso en una oportunidad que podría surgir en la que puedas volver a mi vida ...

pero eso es solo por una fracción de segundo y realmente el único propósito que sirve es

que te demuestre que yo soy más de lo que me dijiste que era ...

Más que el dolor que causé,
más que la imagen de la chica dañada
que no valía la pena amar ...

## Algo Que Comprobar

Digo que quiero demostrar que estabas equivocado,
pero ¿equivocado sobre qué?

No podías amarme cuando más te necesitaba,
no me querías cuando te quería más que a nada y nadien más.

Si todavía estuvieras aquí, ¿dónde estaría?

Supongo que eso es lo que quiero demostrar, que el irte, fue lo mejor para mí.
Quiero mostrarte que no podrías quebrarme como pensabas que lo harías.

Que valgo más ...

La única forma de detener este pensamiento es probándome a mí misma que no hice esto por ti,
lo hice por mí.

Siempre se ha tratado de mí, incluso cuando se trataba todo de ti ...

Tal vez estoy tratando de mantenerte relevante, porque dejarte ir significa dejar ir el proceso,
cómo llegué a demostrarme a mí misma que valía más de lo que podias imaginar.

## **Ambición**

Soñé demasiado para ti
Fui demasiado apasionada para ti

Hablé demasiado
Pensé demasiado
Sentia de manera muy profunda

Para ti fui demasiado
Pero yo siempre quise más.

Una vez admiraste eso, la belleza de la lucha

¿Pero qué es lo que realmente amaste?
¿Que te hice querer más de lo que tú mismo querías para ti?

¿Que te di lo que tú no pudiste dar?
¿Cuáles fueron tus ambiciones de nuevo?

Te dije todo las mias y si lo recuerdas o no.
Logré todo lo que te dije que haría.
TODO

Lo único que nunca pude hacer es
hacerte sentir ambición

Ser ambicioso en la vida
Y lo más importante, en el amor

## Gracias

En irte, me brindaste el espacio para llenarme de amor propio.
Hoy asisto a una entrevista, es una maravillosa puerta de entrada para satisfacer todas las pasiones de las que te hablaba,

¿Recuerdas?
¿Manejando por las noches, mis pensamientos, conversaciones interminables?
Mis frustraciones, mis crisis, mis inseguridades.
Descansaron cuando te fuiste.
 Quién soy hoy no tienes el privilegio de conocerla.
Todos los que me conocen hoy, me aman, me aprecian …

¿Como dijiste que lo hacias tu tambien, te recuerdas?
Dijiste que fuiste bendecido con una mujer maravillosa,
ni siquiera viste la mitad de quién me podía convertir.

Estoy tan segura, poderosa, y apasionada … no podrías manejar esta versión de mí.

Me alegra que te hayas ido ahora, y no hubo un cuarto año nublando mi mente con tu inconsistencia y comportamiento despreciativo que solo me causó más dolor.

Te amo por amar la versión de mi que necesitaba cualquier tipo de amor …
Cualquier cosa …
Estaba desesperada por cualquier amor.

Gracias por ayudarla tanto tiempo como pudiste.
Esta versión, persigue sus sueños y persigue su pasión sin tu "apoyo y amor".


Ella extiende más amor a quienes la rodean mas que nunca, no creerías que fueran la misma persona.

En su viaje después de ti, ha aprendido a amarse a sí misma por completo y sin pedir disculpas.
Ella está logrando mucho más de lo que podría haberlo hecho, estando a tu lado.

Ella nunca se rindió al amarse a sí misma, como tú te rendiste amarla.
Es lamentable que no puedas conocerla.

Gracias por dejarme ir.

## Heridas Abiertas

Justo cuando pensé te había superado.

Empecé a preguntarme si una vez más estaba simplemente distraída.

Estar lejos de ti, no tener comunicación contigo, me ayudó,
pero no me hizo olvidar.

Cada vez que pasaba por tu calle, veía un coche amarillo, cada vez que pensaba en el amor.

No me di cuenta de la forma en que estas heridas abiertas todavía sangrarían,

Los recuerdos comenzaron a desvanecerse y realmente no recuerdo cómo se sintió, al caer, ni siquiera cómo llegó a ser esta herida

Quería recordar más de lo que quería olvidar.
 Rasque y pique la costra hasta que se convertío en una cicatriz.

No puedo  recordar el dolor, pero sé que sucedió.
No puedo  recordar el amor, pero sé que sucedió.
No puedo recordarte, pero sé que una vez te conocí.

El proceso de la herida a la cicatriz,
Ya no duele

Sé que está ahí, siempre estará ahí
Ya no tengo miedo
Para enfrentar la memoria

No entendía lo que podía venir de curar heridas abiertas.

ESTELLA GUERRERO

## Curación

Todos pasamos por el desamor
Es increíble, nos encanta, nos reímos
habitamos, nos dejamos, lloramos

Nos aferramos, no podemos soltar

Duele por un tiempo y luego conocemos a otra persona

Nuestro corazón canta y nos olvidamos de todo lo que fue, mientras nos perdemos en la canción una vez más

Parte de mi curación no estaba en hacer que mi corazón cantara de nuevo.

No pude porque tocaba y repetía tu canción.

Sabía cada cambio de ritmo y tempo, sabía cómo cantar cada nota en cada rango.
Las palabras de la canción, canté, y la sinfonía de tu memoria en mis oídos, sonó.

No entendía por qué al principio.

Hasta que la música se detuvo.

No fue reemplazado por otra melodía.... Era simplemente tranquilo.
Llegue hasta el fondo, donde una vez me habías recogido.

Donde me rescataste, volví a caer en ese lugar profundo y me di cuenta de algo...

Necesitaba sanar para sentirme entera.

No quería que vinieras al rescate, no quería que nadie me rescatara.

Necesitaba yo misma, rescatarme.

Me senté en la oscuridad, escuché el silencio... Lloré y me sostuve en mis propios brazos.

Regresé al mundo que existía antes que ti. Era más que ti, era real, era doloroso, era mi vida.

Pensé que todo este tiempo me estaba distrayendo de amarte, pero realmente me distraía de recordar la vida que conocía, la que tenía ante ti.

Me levanté, borré la suciedad y los escombros de nuestro amor. Puse mi pecho en alto, me limpié las lágrimas y regresé a mi vida.

Nunca fue tu responsabilidad curarme, siempre me tocaba cantar mi propia melodía... cantarla más fuerte, incluso cuando nadie estaba escuchando.

## Ahora Entiendo

Ahora entiendo la verdad.
Fue más que tú, era más sobre mí que sobre ti.

Superarte no fue fácil porque era más que tú, era superar todas las cosas de las cuales me salvaste.

Mi hogar roto, mis pensamientos inquietos, mis inseguridades y el dolor en mi corazón.

Permití cómodamente que tu memoria enmascarara la verdad,

Amándote a ti … fue más fácil que amarme a mí misma,
que aceptar mis circunstancias y aprender a sanar.

Fue más fácil rodar con ruedas de entrenamiento envés de aprender a montar sobre las dos ruedas, aprender a dirigir, a caer y volver a levantarme por mi propia cuenta.

Le diste a la niña en mi interior un lugar al cual llamar hogar.

Entiendo ahora que al solo tener una casa para llamar tuya, no es un hogar.
Me di cuenta de eso al pensar en las noches en cuales me acostaba a tu lado, sintiéndome sola.

No podía quedarme, y tú lo sabías.

No pienso que lo supiste enteramente, pero sabías el potencial que tenía para crecer y sabías que superaría las paredes de tu corazón, tu hogar.

Ahora entiendo que un hombre es sólo un hombre.

Le di el papel de héroe, me hice creer que mi hogar era con él, me inventé el final de un cuento de hadas.

Tengo el control de todo lo que sentía, y de todo lo que me hice sentir... lo hice para protegerme de más dolor.

No me di cuenta de esto en ese entonces, solamente sabia que cuando te fuiste, mi mundo llegó a su fin.

Pero no se acabo el mundo en donde en realidad vivía,
Se termino la idea del mundo el que tan cuidadosamente creé a su alrededor.

Esto fue más que una simple ruptura, más que superarte.
Esto fue un renacimiento, una nueva visión del mundo del que tanto quería escapar.

Entiendo ahora, por qué tenías que alejarte.

*Mujer enamorada, apasionada con todo el
dolor que llevas en tu Corazón….*

*Busca asta el fondo y remplázalo con amor.*

*Amor hacia ti, y la mujer en cual te vas a convertir.*

*Nadie te amara mas que tu te puedas amar.*

**Con amor siempre,**

Estella la Guerrera

# ACERCA DE LA AUTORA

## Estella Guerrero

Estella Guerrero (también conocida como Stella la Guerrera) es una escritora Latina y poeta apasionada. Su pasión por escribir y contar historias le viene desde muy joven. Los maestros elogiarían su estilo de escritura expresivo, especialmente por ser tan joven. Siempre muy apasionada, ha utilizado esta habilidad para salir adelante no solo en lo académico, sino también en su trabajo como mentora, oradora y presentadora. Estella ha escrito a lo largo de su vida de manera informal varias historias y poemas que han estado ocultos a la vista del público hasta ahora. A través de su camino de auto-curación, ha encontrado refugio en su habilidad para escribir y en poder verter sus problemas, dolor y emociones en el papel.

Apasionada por el amor, la curación y la narración de historias, Estella ha asumido el papel de autora mediante la autoedición de este libro como su primera obra publicada.

Más de Estella:

Instagram- @Stellawitharose

Made in the USA
Middletown, DE
18 April 2022